GUIDE-MASCARADE

DE

l'Etranger en Politique

LIBRAIRIE JOANNY MERA

PÉRISTYLE DU Gᵈ THÉÂTRE
Rue Puits-Gaillot

LYON

LYON

IMPRIMERIE LABAUME, A. ALRICY, SUCCESSEUR

5, COURS LAFAYETTE, 5

1874

Afin d'éviter des confusions toujours regrettables, nous prévenons le public que la présente publication n'est approuvée :

Ni par Son Excellence le Ministre de l'Intérieur ;

Ni par Son Eminence l'Archevêque de Tours ;

Ni par Sa Toute-Puissance le Préfet du Rhône.

AVANT-PROPOS

Le petit ouvrage que nous présentons au public n'a guère qu'un seul mérite, mais il est indiscutable, — son utilité.

Nous voici en pleine saison des voyages et des excursions.

Depuis longtemps déjà, le soleil a lancé ses invitations, les arbres vous font signe de leurs panaches verdoyants, les nymphes des eaux thermales ouvrent leurs robinets, et de toutes parts affluent dans notre belle patrie, de nobles étrangers en quête de santé, de *far-niente* ou de distractions.

Ils accourent, ils arrivent, chapeau mou en tête, parasol sous le bras, *Guide-Joanne* à la main donnant la nomenclature des hôtels, le prix des voitures, la déscription des monuments, l'itinéraire des promenades...

Que manque-t-il pour que leur éducation soit complète?

Un *Guide-Politique.*

Telle est la lacune que nous voulons combler aujourd'hui, et l'on avouera que le besoin s'en faisait sérieusement sentir.

Interrogez en effet le premier passant venu, noble ou vilain, jeune ou vieux, riche ou pauvre, civil ou militaire, et posez lui cette simple question :

— Que pensez-vous de notre situation politique?

Il vous répondra sans hésiter:

— Je n'y comprends absolument rien.

Et cependant nous sommes chez nous!

Que doit-il en être des étrangers transportés par le dernier train sur ces rivages inconnus?

C'est donc, nous le répétons, une œuvre éminemment utile, patriotique même, que d'essayer de répandre un peu de lumière dans ce cahos, que de tendre un fil d'Ariane dans ce labyrinthe où l'on risque de trébucher dès le premier pas.

Réussirons-nous?

Nous n'oserions l'affirmer, mais les esprits impartiaux reconnaîtront qu'il y a déjà un certain mérite à tenter l'aventure.

Le terrain est glissant, en effet, les rampes abruptes et les culbutes fréquentes.

Deux mésaventures personnelles ont pu nous en instruire.

Il y a de cela huit mois environ, dans un petit journal dont on n'a peut-être pas encore oublié le nom, — il s'appelait *la Mascarade*, — nous nous escrimions tant bien que mal à tirer au clair les nombreuses obscurités de notre politique.

Nous nous permettions avec une témérité bien naïve vraiment, nous nous permettions d'appeler un chat un chat, et certains députés des farceurs.

C'était fort mal à nous, on nous le fit bien voir,

V

Un vendredi , vers les onze heures du matin, un commissaire de police grassouillet, de manières affables, se présentait à notre bureau et tirant de la poche latérale de son paletot un papier plié en quatre, nous disait d'un air doux :

— Veuillez prendre connaissance, c'est un arrêté de M. le préfet.

Nous lûmes : « Considérant , etc. »

Lɪ Mascarade avait vécu !...

Pas de réflexions, — l'état de siége n'écoute pas, il frappe, — il ne juge pas, il exécute.

Plus tard, utilisant des loisirs imposés par la sollicitude administrative, admirable matière à mettre en vers latins,

Ducros nobis hœc otia fecit,

nous nous avisions de publier un modeste almanach qui , par excès de précaution, fut baptisé *Almanach sans nom...*

Refus d'affichage, refus d'estampille, interdiction de vente sur la voie publique.

Sans nom avait paru séditieux ,

Sans nom était subversif et destructeur de « l'ordre social. »

Gardons-nous de discuter; — évidemment, messieurs de la préfecture avaient raison , — étant les plus forts.

Aussi, éprouvé par cette double expérience ,

avons-nous résolu de n'avancer désormais dans cette voie périlleuse de la publicité, qu'avec une prudence excessive; de ne hasarder un pas qu'après avoir tâté le terrain du bout de notre canne, et vérifié soigneusement si les feuilles ne cachent pas des traquenards et des piéges à loup.

Dans ce *Guide-Politique,* sous cette forme aussi peu révolutionnaire que possible, tolérée jusqu'à ce jour par tous les gouvernements,—nous n'apprécierons pas, nous ne jugerons pas, nous ne critiquerons pas, nous ne blâmerons pas...

Nous exposerons simplement, nous désignerons, nous indiquerons, nous montrerons, sans commentaires malicieux ni malveillants...

Nous dirons : Voilà! regardez! à vous d'en tirer la glose...

Grâce à cette attitude timide; à ces intentions louables, peut-être obtiendrons-nous de n'être point traité en suspect, ni traqué comme un malfaiteur.

Ajoutons pour continuer de nous mettre au mieux avec l'autorité :

Que nous vivons correctement, dans un domicile régulier, payant nos impôts et nos fournisseurs, respectant la gendarmerie, et honorant les fonctionnaires publics de toute la considération qui leur est due.

JACQUES BARBIER

GUIDE-MASCARADE

DE L'ÉTRANGER EN POLITIQUE

―――∿∿∿―――

Du Septennat

∿∿∿

Le noble étranger qui débarquera en France démandera probablement à son maître d'hôtel :

Quel est le gouvernement de ce pays ? Est-ce une monarchie absolue ?

On lui répondra non.

Est-ce une monarchie constitutionnelle?

On lui répondra encore non.

Est-ce un empire ?

On lui répondra toujours non.

Est-ce une République ?

On lui répondra continuellement non.

Alors qu'est-ce donc, dira le noble étranger ?

C'est le *Septennat!*

A ce mot bizarre, inconnu jusqu'à ce jour dans le vocabulaire politique, le noble étranger surpris demandera un dictionnaire de la langue française.

On lui apportera Napoléon Landais.

Il cherchera Septennat et ne le trouvera pas ;

On lui apportera Bescherelles.

Il cherchera Septennat et ne le trouvera pas mieux ;

On lui apportera le dictionnaire de l'Académie.

Il cherchera Septennat et ne le trouvera pas davantage ;

On lui apportera le dictionnaire de Littré.

Il cherchera Septennat et le trouvera encore moins !

Après ces recherches infructueuses, le noble étranger réfléchira profondément et arrivera à cette conclusion :

Un mot qui ne se trouve pas dans toute la série des dictionnaires français est un barbarisme.

Donc la France a présentement pour régime politique, un barbarisme grammatical...

En quoi nous sommes forcé de convenir que le noble étranger n'aura pas tort.

Le noble étranger pensera peut-être encore :

Il est vraiment singulier que le peuple qui possède la langue la plus riche, la plus nette, la plus claire, la plus logique qui soit au monde, choisisse précisément pour titre de son gouvernement un mot qui ne se trouve nulle part...

En quoi nous sommes obligé d'avouer que le noble étranger aura raison.

Le noble étranger sera même capable d'ajouter dans son for intérieur :

Ce barbarisme d'expression n'est-il pas

un indice fâcheux du trouble d'un pays qui ne sait pas comment désigner son régime politique ?

En quoi nous sommes contraint de confesser que le noble étranger est doué d'une logique irréfutable.

*
* *

Maintenant, pour ne point laisser plus longtemps le noble étranger dans l'embarras, nous lui expliquerons que *Septennat* est le résultat de l'accouplement ingénieux des mots *septem, sept,* et *annos, année,* — qu'il signifie par conséquent *sept années.*

D'où il suit que le gouvernement actuel de la France est un régime destiné à durer *sept années;*

Que ces sept années de gouvernement ont été attribuées au maréchal de Mac-Mahon, — lequel est un excellent général de division.

Le noble étranger sera sans doute curieux de connaître, pourquoi sept années plutôt que huit ou douze, pourquoi *septennat* plutôt qu'*octennat* ou *duodecennat*.

Nous répondrons au noble étranger que ceci présente une certaine difficulté d'explication ;

Que parmi les sages, qui au nombre de 739 légifèrent le pays, les uns voulaient trois années, — *triennat* ;

Les autres cinq, — *quinquennat* ;

D'autres dix, — *décennat* ;

Que par esprit de transaction et de conciliation on a cherché une moyenne entre *triennat*, *quinquennat* et *décennat*, que cette moyenne s'est trouvée *septennat*.....

Et voilà pourquoi le mot ne se rencontre pas dans le dictionnaire.

*
* *

Eclairé par cette démonstration translucide, le noble étranger, avide de nouveaux renseignements, nous dira sans doute :

Septennat, sept ans, je comprends, voilà le mot, bon, mais la *chose ?* Qu'est-ce que c'est que votre septennat ?

Nous avouerons au noble étranger que la question est épineuse, attendu que très-peu de gens, même parmi les plus instruits, les plus savants, les plus fins, les plus malins, pourraient lui donner une .définition à peu près claire du *septennat*.

Cela par une raison bien simple :

C'est que le *septennat*, tout en existant comme nom, n'existe pas encore comme *chose* ;

C'est que le *septennal*, baptisé seulement, n'est ni constitué, ni organisé, ni défini ;

C'est que le *septennat*, sans comparaison bien entendu, ressemble à un flacon vide, orné simplement d'une étiquette.

La liqueur est absente, personne n'étant d'accord sur le goût qu'il lui veut.

Et pour mieux nous faire comprendre; au milieu de l'aridité de ces mots baroques, que le noble étranger veuille bien écouter cet apologue.

Il y avait une fois une brave femme affligée de quatre enfants, dont trois étaient d'un caractère détestable, ne se plaisant qu'aux disputes.

Leur nourriture surtout était le sujet perpétuel de discussions et de scènes violentes.

Le premier n'aimait que la tarte à la crême,

Le second que la tarte aux cerises,

Le troisième que la tarte aux fraises,

Pour le quatrième, on ne s'inquiétait point de son appétit, son office étant de rester à la cuisine, de récurer la vaisselle et de recevoir les coups.

Malgré cette diversité de goût des trois bambins, il eut été possible encore de s'entendre, en donnant à l'un sa tarte à la crême, à l'autre sa tarte aux cerises, au troisième sa tarte aux fraises.

Mais point !

L'amateur de la tarte à la crême, non-seulement la réclamait pour lui, mais encore entendait la faire avaler de force aux autres, ne supportant point qu'ils mangeassent n'importe quoi qui ne fût pas de la tarte à la crême.

Ainsi de l'amateur de la tarte aux cerises ;

Ainsi de l'amateur de la tarte aux fraises ;

Chacun y apportant un entêtement égal.

Vous voyez d'ici quelles discussions, quelles disputes, quel tapage, quelles bourrades !

Toute la maison en sautait, les meubles avec, et les voisins menaçaient de se plaindre au commissaire.

En cette occurrence malaisée, la ménagère proposa l'arrangement suivant :

Je vais faire un gâteau où je mettrai à la fois de la tarte à la crême, de la tarte aux cerises et de la tarte aux fraises, tout le monde y trouvera son compte, — sauf le quatrième gamin, qui se nourrira d'épluchures, trop bonnes encore pour lui.

La combinaison parut sourire à nos avanglés.

Mais aussitôt que le gàteau parut sur la table :

— Il y a trop de tarte à la crême, s'écria l'un !

— Il n'y a pas assez de tarte aux cerises, répliqua l'autre !

— Je ne trouve pas une miette de tarte aux fraises, clama le troisième !

Et les garnements de recommencer de plus belle...

Le quatrième seul se tenant coi, car on l'eût assommé net.

En attendant, personne ne mangeait, personne ne mange, et les gens de la maison se demandent quand on pourra dormir tranquille !

*
* *

Au moyen de cette petite fable, le noble étranger comprendra sans peine l'histoire de l'institution du septennat.

Parmi les 739 législateurs dont nous parlions plus haut, les uns n'aimaient que la tarte à la Chambord,

Les autres que la tarte à la d'Orléans,

Les autres que la tarte à la Chislehurst.

Il y en a bien d'autres encore qui mangeraient volontiers n'importe quoi, mais ceux-là sont les gens de peu, la valetaille, qui ne vaut pas qu'on s'occupe d'elle.

Pour satisfaire à l'appétit des trois premiers, certain cuisinier imagina le *Gâteau-Septennat*, qui contiendrait un ingénieux mélange de légitimisme, d'Orléanisme et de Bonapartisme.

Seulement, on ne peut s'entendre sur les quantités et les proportions...

Lorsqu'un marmiton de bonne volonté veut essayer de mettre la main à la pâte :

— Vous prenez trop de bonapartisme, dit l'un !

— Rien que ça d'orléanisme ! y songez-vous ?

— Faites donc attention, il n'y a là que du légitimisme !...

Conclusion pour le noble étranger :

Le Septennat est un plat dont le nom existe, mais dont la sauce reste à faire.

Le noble étranger pourra penser qu'en prolongeant longtemps une pareille cuisine, l'on risque fort de mourir de faim...

Nous nous garderons d'appuyer une opinion aussi subversive, mais nous n'y contredirons point.

De la conjonction des centres

Si le noble étranger lit les journaux après son dîner, il tombera inévitablement sur l'une ou l'autre de ces deux phrases :

« La conjonction des centres est un fait accompli. »

« La conjonction des centres a définitivement échoué »

Ces quelques lignes rendront le noble étranger rêveur.

Il se dira avec anxiété :

« Que peut bien être la conjonction des centres ?

« Il est admis dans les lois physiques

3

que les corps animés ou non, ne possèdent généralement qu'*un* centre.

« Quel est i'être singulier doté de plusieurs centres aspirant à se conjoindre ? «

Cet être singulier, ô noble étranger, est l'Assemblée des législateurs Français siégeant à Versailles, — pour Paris empêché.

Cette assemblée, par un privilége particulier et spécial, se trouve propriétaire de deux centres : le centre droit et le centre gauche.

Au contraire des centres ordinaires, destinés à assurer la stabilité et l'équilibre des corps, — les deux centres de Versailles se composent d'éléments essentiellement vagues et flottants, allant à droite ou à gauche suivant l'impulsion qu'ils reçoivent.

Et, phénomène encore plus bizarre, plusieurs membres de ces centres, ont une jambe dans le centre droit et une autre jambe dans le centre gauche, position éminemment délicate, qui à un moment donné pourrait exposer ces malheureux au supplice de l'écartèlement.

Qnaut à la « conjonction des centres, » c'est un rêve caressé depuis longtemps par des esprits peu positifs, qui ne craignent point d'ériger en principe ces propositions folichonnes :

I. — La solidité peut naître de la fragilité.

II. — On est admirablement assis entre deux chaises.

III. — Rien n'est plus commode pour marcher que de n'avoir pas de jambes.

Etant donné ces théories, le noble étranger pensera naturellement que le problème de la conjonction des centres est un peu plus malaisé à résoudre que celui de la quadrature du cercle;

Et le noble étranger pensera sagement.

Nous ajouterons, comme preuve irréfragable, que les plus célèbres de nos mathématiciens politiques y ont usé leur science et leur algèbre.

Que dis-je, ils en sont morts !

L'illustre Adolphe Thiers y a succombé le 24 mai de l'an de grâce 1873 ;

Le fameux de Broglie a été dévoré par ce Sphinx le 16 mai de l'année suivante ;

Et nous avons vu récemment conduire en terre le superbe d'Audiffret-Pasquier, victime de la même catastrophe.

D'autres essaieront peut-être, car la maladie est contagieuse, mais ils seront voués à la même fin

Axiôme. — La conjonction des centres étant la réunion de deux corps sans jambes, ne peut engendrer qu'un cul-de-jatte.

Des Ministères et des Ministres

Au milieu des préoccupations ardues de « l'organisation du Septennat » et de la « conjonction des centres » une réflexion viendra évidemment se loger dans le cerveau du noble étranger :

— Que peuvent faire pendant ce temps-là, les ministres dans leurs ministères ?

Rien n'est plus facile que de satisfaire sur ce point la curiosité du noble étranger. — Qu'il prenne seulement la peine de nous suivre.

—

Ministère de l'intérieur

Entrons.

Le noble étranger remarquera d'abord que le Ministre de l'intérieur réside à Paris, place Beauvau, tandis que le chef du gouvernement et l'Assemblée nationale ont leur domicile à Versailles.

Cette petite combinaison est excessivement commode pour les besoins du service et les agréments des communications.

Aussitôt, en effet, que la présence du Ministre est réclamée soit par l'Assemblée, soit par le chef du gouvernement, — le Ministre s'y trouve immédiatement ; il n'a pour cela que 28 kilomètres à faire.

En pénétrant dans les bureaux, le noble étranger remarquera également les traces d'un déménagement récent.

Que ceci n'étonne point le noble étranger.

Le Ministère de l'intérieur est de tous les
Ministères celui où l'on déménage le plus.

En cherchant bien en effet, le noble
étranger découvrira dans les coins ou dans
les placards :

Une magnifique veste laissée par M. de
Fourtou.

Un mouchoir de poche oublié par le duc
de Broglie ;

Un faux-col qui caressa les favoris de
M. Beulé ;

Un carnet de poche ayant pour propriétaire M. Casimir Périer;

Une visière verte datant de M. de Gou-
lard ;

Un étui à lunettes perdu par M. Victor
Lefranc ;

Une paire de fausses manches portées par
feu Lambrecht ;

Un coussin percé, contemporain de M·
Ernest Picard, etc.

Nous en oublions sans doute dans cette

nomenclature qui ne remonte pas à plus
de trois ans.

Que serait-ce si nous abordions les gouvernements précédents ! .

Pour le moment, le noble étranger verra
dans l'angle de la cheminée le chapeau à
claque du général de Chabaud-Latour posé
sur un parapluie.

Combien de temps ce chapeau et ce parapluie resteront-ils à cette place?

C'est là un point d'histoire que notre ti-
midité nous empêche d'approfondir.

En ce qui touche les graves occupations
du titulaire actuel, le noble étranger pourra
aisément s'en rendre compte, en jetant un
regard indiscret sur cet *Agenda-Memento*
flânant sur le bureau.

Lundi. — Adresser aux préfets une circulaire leur prescrivant de suivre une politique « résolument conservatrice. »

Aller à l'Assemblée et tâcher de former
une majorité gouvernementale.

Mardi. — Adresser aux préfets une circulaire leur prescrivant de n'admettre dans

leur administration que des fonctionnaires
« résolument conservateurs. »

Aller à l'Assemblée et essayer de constituer une majorité gouvernementale.

Mercredi. — Adresser aux préfets une
circulaire leur prescrivant de ne supporter
dans leur département que des journaux
« résolument conservateurs. »

Aller à l'Assemblée et s'efforcer d'orga-
niser une majorité gouvernementale.

Jeudi. — Adresser aux préfets une circulaire leur prescrivant de recommander
aux cantonniers une attitude « résolument
conservatrice. »

Aller à l'Assemblée et imaginer une combinaison qui assure une majorité gouvernementale.

Vendredi. — Adresser aux préfets une
circulaire leur prescrivant de ne laisser
nommer par leurs maires que des gardes-
champêtres « résolument conservateurs. »

Aller à l'Assemblée et manœuvrer pour
découvrir une majorité gouvernementale.

Samedi. — Adresser aux préfets une

circulaire leur prescrivant de ne tolérer de leurs subordonnés que des chapeaux « résolument conservateurs. »

Aller à l'Assemblée et chercher comme une épingle une vraie majorité gouvernementale.

Dimanche. — Préparer le canevas de quelques circulaires « résolument conservatrices. »

Réfléchir à une martingale de nature à constituer une sérieuse majorité gouvernementale.

. . . .

Que si le noble étranger était désireux de connaître en quoi les occupations du ministre actuel de l'intérieur diffèrent des occupations du ministre précédent, — il n'aura qu'à tourner le feuillet de l'agenda et il y verra :

Lundi. — Adresser aux préfets une circulaire leur prescrivant une politique « résolument conservatrice. »

Aller à l'Assemblée et tâcher de former une majorité gouvernemen...

Le noble étranger, frappé de cette simi-
litude absolue, se demandera certainement
quelle nécessité il y avait de changer de
ministres, puisqu'ils font identiquement la
même chose.

Nous répondrons au noble étranger que
nous n'en savons absolument rien.

Quant aux mots « résolument conservateur ou conservatrice » qui reviennent
à chaque circulaire avec le balancement
monotone et régulier d'un pendule, —
nous nous ferons un plaisir d'apprendre
au noble étranger, que cela constitue une
locution admirablement commode et avan-
tageuse, destinée à répondre à tout : ob-
jections, raisons, oppositions, contesta-
tions, discussions, etc. Rien ne résiste devant « résolument conservateur. »

C'est le « tarte à la crême » de la politique actuelle.

Théories libérales... « résolument conservateur. »

Franchises municipales... « résolument
conservateur. »

Convictions passées... « résolument conservateur. »

Suffrage universel... « résolument conservateur. »

Liberté de la presse..... « résolument
conservateur. »

Nous pourrions continuer ainsi indéfi-
niment.

D'où il suit que le métier de ministre
de l'intérieur n'est point très-malaisé en
ce moment, — puisqu'avec deux mots il a
réponse à tout.

Reste la fameuse majorité...

Mais on ne peut pas contenter tout le
monde et la majorité.

Ministère des Finances

—

Le noble étranger n'a nul besoin de se
presser, notre visite ne sera pas longue.

Si le noble étranger se présente en effet
à huit heures du matin au ministère des

finances et demande Son Excellence, —
le concierge répondra que Son Excellence
vient de donner sa démission ;

A neuf heures. que Son Excellence a encore donné sa démission ;

A midi, que Son Exccellence a toujours
donné sa démission ;

A quatre heures, que Son Excellence
continue à donner sa démission.

Si après avoir changé d'heures, le noble
étranger change de jours et se présente le
mercredi au lieu du lundi ou le samedi au
lieu du mardi, — il lui sera répliqué également : Son Excellence a donné sa démission.

Si au lieu de changer de jour, il change
de semaine, — Son Excellence n'en aura
pas moins donné sa démission

Si aux semaines succèdent les mois, —
Son Excellence ne cessera pas de donner
sa démission.

Après les mois, les années, et le concierge
répondra éternellement :— Son Excellence
a donné sa démission !

C'est une spécialité...

Devant cette persistance systématique, le noble étranger sentira peut-être cette réflexion envahir son cerveau :

— Avec un ministre qui passe son temps à s'en aller, comment les finances de ce pays peuvent-elles marcher ?

Hélas, noble étranger, cédez-moi la moitié de votre mouchoir, que nous pleurions ensemble !

Ministère des Affaires étrangères

—

Ici nous inviterons le noble étranger à ne s'avancer qu'avec la plus grande circonspection, crainte de froisser une grande puissance ou un petit groupe parlementaire, ou la moitié de ce groupe, ou le quart d'un député, ou le bonnet d'un évêque.

Etre ministre des affaires étrangères, dans la situation présente de la France, équivaut à-peu-près à danser la cachucha sur une pointe d'aiguille.

Si le noble étranger en doutait, il n'aurait qu'à consulter ce petit programme, que tout ministre consciencieux est tenu d'étudier jour et nuit s'il veut échapper à une culbute fatale :

— Ne pas froisser le prince de Bismark en montrant trop de sollicitude pour le cléricalisme.

— Ne pas se mettre à dos le cléricalisme et les députés qui en dépendent, en témoignant trop de déférence pour le prince de Bismarck.

— Ne pas éveiller la susceptibilité de la Prusse en tolérant les violences de certains évêques touchant la crise religieuse en Allemagne.

— Ne pas mécontenter le marquis de Franclieu et le général Dutemple en se permettant des observations sur les imprudences ultramontaines.

— Ne pas s'aliéner les sympathies italiennes en montrant trop de regrets à l'endroit du pouvoir temporel.

— Ne pas provoquer la mauvaise humeur du baron Chaurand en paraissant trop indifférent aux infortunes du Saint-Père.

— Eviter que l'ambassadeur au Quirinal donne un coup de chapeau de trop à Victor-Emmanuel et un coup de chapeau de moins à Pie IX.

— Prendre garde que les passementeries et les décorations de l'ambassadeur au Vatican ne le cèdent en quoi que ce soit aux décorations et aux passementeries de l'ambassadeur au Quirinal.

— Ne jamais laisser soulever la « brûlante question » de l'*Orénoque*.

A cet endroit, le noble étranger nous arrêtera et nous posera cette interrogation : Qu'est-ce que la brûlante question de l'*Oré noque* ?

Réponse. — L'*Orénoque* est un bateau qui va sur l'eau...

Depuis plusieurs années, l'*Orénoque* est amarré dans le port de Civita-Vecchia, à seule fin de servir de refuge au Pape, dans le cas où des persécutions l'obligeraient à quitter Rome.

Les Italiens soutiennent que le Pape ne courant aucun risque d'être persécuté, il est inutile de laisser stationner l'*Orénoque*, bateau français, dans les eaux italiennes.

Les ultramontains français prétendent que le Pape ne jouissant d'aucune sécurité sous la garde italienne, a besoin d'un refuge assuré, et que l'*Orénoque* doit rester.

Telle est la « question brûlante de l'*Orénoque*. »

Chaque fois que cette question voit le jour, les esprits se montent, les passions s'allument.

Restera-t-il ? Ne restera-t-il pas ? Le ministre des affaires étrangères n'en dort pas de quinze jours...

Après quoi l'on arrange les choses en expliquant que la présence de l'*Orénoque* est un acte de courtoisie de la flotte française vis-à vis de la flotte italienne, que les officiers de l'*Orénoque* ne se mêlent point des affaires italiennes et passent tranquillement leur temps à pêcher à la ligne ou à jouer aux dominos à quatre...

Ceci dit, l'*Orénoque* reste, le ministre reprend son sommeil et tout le monde est content jusqu'à nouvelle alerte...

Quant aux gens désintéressés et d'esprit calme, ils pensent que c'est beaucoup de bruit pour un petit navire qui ne navigue pas, et qu'après tout il serait aussi bon que chacun restât chez soi...

Ce qui étoufferait tous les incidents d'*Orénoque* du monde, rendrait infiniment plus facile le métier de ministre des affaires étrangères et dispenserait peut-être de lui allouer 60,000 fr. de traitement— sans les frais de bureau.

Ministère de la Justice

—

Que le noble étranger ne s'en préoccupe mie.

En dehors des questions de mur mitoyen et de procédure privée, le ministère de la justice, au point de vue politique, est généralement remplacé par l'*État de siège*.

Voir ces mots ci-après :

Ministère de la Guerre

—

Nous avouerons humblement au noble étranger que nous nous trouvons à cette place dans un furieux embarras.

Parler de l'armée, de ses progrès, de ses réformes, de l'intelligence de certains de ses chefs, est devenu un point excessivement délicat et non sans péril.

Nous rappellerons à ce propos qu'un journal de notre ville, connu par la modération de sa politique, le calme de son langage et ses opinions conservatrices, — se vit jadis suspendu deux mois durant, pour avoir osé faire l'éloge des commandants, des capitaines et des lieutenants, sans avoir répandu les mêmes louanges sur les colonels, les généraux et les maréchaux.

C'est pourquoi nous chercherons à nous mettre à l'abri d'un danger semblable, en ne donnant au noble étranger que des indications qui puissent trouver grâce devant les susceptiblilités les plus exagérées.

— Les hauts dignitaires de l'armée française ne sont-ils pas les premiers capitaines de l'Europe ?

— Oui maréchal.

— Si l'armée française a été battue à Forbach, à Sedan et à Metz, n'est-ce pas la faute à Gambetta ?

— Oui mon général.

— Depuis nos déplorables défaites, la réorganisation de l'armée n'a-t-elle pas fait des progrès inouïs ?

— Oui mon colonel.

— Le changement de coiffure de l'infanterie de ligne n'est-il pas appelé à avoir une influence prépondérante sur nos victoires futures ?

— Oui mon commandant.

— La nouvelle loi sur l'armée, en ce qui touche notamment les volontaires d'un an, n'est-elle pas un modèle de clarté et de facilité d'exécution ?

— Oui mon capitaine.

— La fonte de nos nouveaux canons ne

marche-t-elle pas avec une rapidité in-
croyable ?

— Parfaitement, mon lieutenant ?

— L'éducation particulière des soldats
n'a-t-elle pas changé du tout au tout ?

— Oui sergent.

— Etait-il possible, en un mot, de mettre à profit les leçons de l'expérience,
mieux qu'on ne l'a fait depuis trois ans ?

— Non caporal, ce n'était pas possible.

Voilà tout ce que nous pouvons faire
pour renseigner le noble étranger sur les
travaux importants du ministère de la
guerre.

Dans le cas où le noble étranger ne se
trouverait pas suffisamment éclairé, nous
nous verrions forcé, à notre grand regret,
de lui dire, dans le style précis de M.
Alexandre Dumas fils.

— Eh bien, allez y voir !

* *
*

Des autres Ministères

—

Pour clore ce petit travail sur les ministères, il nous resterait à conduire le noble
étranger :

Au ministère de l'Instruction publique,

. Au ministère de l'Agriculture et du
Commerce,

Au ministère des Travaux publics.

Que le noble étranger se rassure, nous
lui éviterons cette corvée.

Nous aurons le chagrin de confesser, en
effet, au noble étranger, que pour le quart-
d'heure, le ministère de l'instruction publique, le ministère du commerce et le
ministère des travaux publics sont les trois
ministères dont on s'occupe le moins et
qui s'occupent le moins.

L'instruction publique, le commerce et
les travaux publics s'en aperçoivent bien !

Au milieu des crises exclusivement politiques que nous traversons, les trois petites

choses susdites, qui concourrent à l'intelligence, à la richesse et à la prospérité du pays, passent à-peu-près inaperçues.

Aussi les trois ministères en question sont-ils généralement considérés par nos grands politiques, comme des ministères de compensation et d'appoint.

Qu'une fraction de l'Assemblée soit mécontente, on tâche de la satisfaire en casant l'un de ses membres les plus *grisaillants* dans l'un des ministères susdits.

Qu'un groupe parlementaire grogne et montre les dents, on lui clot la bouche en fourrant l'un de ces portefeuilles sous le bras d'un de ses adeptes les plus *incolores*.

A l'heure où nous écrivons, les deux ministres de l'agriculture, du commerce et des travaux publics, se nomment Caillaux ou Grivart, Caillart ou Grivaux, nous ne savons au juste.

Quant au ministre de l'instruction publique, il porte un nom que la décence nous oblige à ne pas écorcher : — De Cumont.

Des Sous-Secrétaires d'Etat

—

Ce poste, assez malaisé à définir, est une sorte de supplément ou de complément des ministères.

Pour peu que le noble étranger se soit frotté à la politique pratique, il n'ignore pas que dans tout gouvernement quel qu'il soit, il n'y a jamais autant de places que de gens à placer.

Cela est vrai en France comme ailleurs, sinon plus qu'ailleurs.

Aussi, quand les ministres sont au complet, tous les appétits ne sont pas satisfaits, tant s'en faut.

Alors, des esprits inventifs ont imaginé le sous-secrétariat d'Etat...

Cette heureuse découverte a permis d'offrir à quelques amis 25,000 fr. d'appointement comme fiche de consolation.

Le plus célèbre des sous-secrétaires d'Etat est l'illustre Numa Baragnon, député du

Gard, qui s'est signalé dernièrement par un assez joli trait d'habileté.

Le ministère a changé, mais M. Baragnon n'a changé que de sous-secrétariat : de l'intérieur il est allé à la justice, — et ses appointements sont demeurés fermes.

M. Baragnon Numa s'est encore acquis une légitime réputation par une fière parole bien digne de ce conquérant redoutable : — Il faut que la France marche !

Napoléon-le-Grand n'eût pas mieux dit, Louis XIV non plus.

Le noble étranger ne sera pas fâché d'apprendre qu'en France, un simple sous-secrétaire d'Etat peut s'élever par la magnanimité de son âme au niveau des plus grands souverains.

Si M. Numa n'était pas Baragnon, il serait Pompilius.

De l'Etat de siége

Encore un de ces sujets périlleux que notre plume ne doit effleurer qu'en tremblant.

Essayons quand même, et que le Saint-Esprit nous soit en aide.

En arrivant dans un département, le noble étranger apprendra qu'il est en état de siége.

En passant de ce département dans un autre, le noble étranger entendra dire qu'il est également en état de siége...

De département en département, le noble étranger pourra en parcourir successivement quarante-neuf sur quatre-vingt-trois, sans cesser de se trouver sur le territoire de l'état de siége.

Pourquoi cet état de siége et qu'est-ce que c'est que cet état de siége, pensera le noble étranger ?

Afin de satisfaire à cette curiosité légitime, sans nous compromettre, nous apporterons au noble étranger un gros volume intitulé *Les Codes français,* et nous le prierons de lire ceci :

Aussitôt l'état de siége déclaré, le pouvoir dont l'autorité civile était revêtue pour le maintien de l'ordre et de la police, passe tout entier à l'autorité militaire.

L'autorité militaire a le droit : 1° de faire des perquisitions *de jour et de nuit dans le domicile des citoyens ;* 2° d'éloigner les repris de justice et les *individus qui n'ont pas leur domicile dans les lieux soumis à l'état de siége ;* 3° *d'interdire les publications* et les réunions qu'elle juge de nature à exciter ou à entretenir le désordre etc.

Le noble étranger lira encore dans le même gros livre .

L'état de siége ne peut être déclaré qu'en cas de péril *imminent,* pour *la sécurité intérieure ou extérieure.*

Après s'être promené tranquillement dans les quarante-neuf départements soumis à l'état de siége, après avoir constaté le calme absolu des rues et des places et l'attitude pacifique des populations, le noble étranger sera évidemment très-intrigué de connaître quel est le *péril imminent* que menace *la sécurité intérieure ou extérieure* dans les quarante-neuf départements sus-dits.

Si le noble étranger a le bonheur de rencontrer un fonctionnaire zélé, ce fonctionnaire lui apprendra que ce *péril immi-nent* est le *péril social.*

Qu'entend-on par le *péril social ?*

Cette explication nous conduirait trop loin, car nous serions obligés de faire lire au noble étranger tous les discours pro-noncés sur la matière par les membres de la Droite de l'Assemblée.

Ce qui aurait le double inconvénient :

1° De faire sauver à toutes jambes le no-ble étranger ;

2° De l'empêcher de comprendre un traître mot à la question ; — et sans plus de discours, nous enseignerons donc simple-ment au noble étranger que, pour un grand nombre de fonctionnaires zélés, le *péril social* est le péril qui menace leurs places et leurs appointements.

De quelques Préfets

En parcourant nos départements, le noble étranger entendra évidemment parler des préfets qui les administrent et du mérite transcendant d'iceux.

Il nous serait difficile, dans le cadre restreint de *ce Guide*, de nous étendre longuement sur les qualités et les vertus de ces admirables fonctionnaires, et nous serons forcément obligés de nous borner aux plus remarquables qui se sont acquis une légitime réputation : *primi inter pares*.

Département du Gard

—

M. Guigues de Champvans

Ce fonctionnaire éminent descend d'une des familles les plus illustres de France.— Sa noblesse se perd tellement dans la nuit des temps, qu'il est impossible de la retrouver.

S'appelle-t-il Guigues de Champvans ou Champvans de Guigues, — c'est là un point que les archéologues les plus érudits n'ont pas encore réussi à éclaircir.

On trouve cependant dans le *Rig-Veda* le nom d'un grand-prêtre de Brahma qui paraît avoir une certaine analogie avec celui du préfet du Gard : — *Shanguig.*

Il y a donc beaucoup à parier que M. Guigues de Champvans est un rejeton de cette antique maison, qui laisse à plusieurs mille ans derrière elle toute la noblesse des croisades.

Indépendamment de cette illustration d'origine, M. Guigues de Champvans a su

se signaler dans son administration par
une habileté vraiment merveilleuse.

Appelé à la tête du département où les
passions politiques et religieuses sont surex·
citées au plus haut point, M. Guigues, dé-
daignant une popularité malsaine, a réussi
à se mettre à dos :

Son Conseil municipal,

Son Conseil général,

Son Conseil d'arrondissement,

Tous les protestants du Gard, qui for-
ment la bonne moitié de la population,

Et tous les catholiques non inféodés au
cléricalisme ultramontain.

Si bien que le temps est proche où M.
Guigues n'aura plus dans son département
d'autres sympathies que celles de M.
Champvans.

C'est là un joli résultat qui ne saurait
manquer d'attirer l'attention des supérieurs
de M. Guigues de Champvans, pour lequel
il est déjà question d'avancement.

Ajoutons que M. Guigues, doué d'une
énergie sans pareille, n'hésiterait pas à

faire mettre vingt mille hommes sur pied pour saisir une brochure ou livrer bataille à un journal.

Département de la Gironde

M. Pascal (Ernest', dit l'homme à la circulaire.

M Pascal (Ernest), quoique jeune encore, s'est fait remarquer par une rare souplesse de tempérament et d'aptitudes.

Préfet du Rhône, on lui a vu demander la suppression de la mairie centrale de Lyon ;

Sous-secrétaire d'état au ministère de l'intérieur, on l'a vu repousser cette même suppression ;

Protégé de MM. Thiers et Casimir-Périer, on l'a admiré lâchant ses patrons avec abandon, la veille de leur chûte et se mettant résolument du côté du manche.

Re-sous-secrétaire d'Etat, on se l'est montré rédigeant cette admirable circulaire sur la presse, qui restera comme un monument de gloire impérissable...

Enseveli dans son triomphe, M. Pascal (Ernest), dut donner sa démission

Mais une intelligence aussi déliée ne pouvait rester sans emploi, et quelques mois après, M. Pascal (Ernest) se retrouvait préfet à Bordeaux, — où le noble étranger pourra le rencontrer aux Quinconces, promenant son air satisfait, son lorgnon et ses favoris roux.

Département du Rhône

—

M. DUCROS

Nous prévenons le noble étranger qu'en arrivant à Lyon, il entendra les mauvaises langues s'exercer très-méchamment aux dépens de M. Ducros.

On lui dira que M. Ducros est un préfet despote, emporté, violent, ne supportant ni la contradiction ni l'opposition.

Cela n'est pas vrai. — M. Ducros est

la douceur même; il ne brusque personne,
pas même les journalistes, et s'il n'aime
pas être contredit,—c'est qu'il a toujours
raison.

On lui dira aussi que M. Ducros a une
fâcheuse tendance à l'absorption administrative. — Non content d'être préfet et maire,
il ne craindrait pas d'être en même temps
procureur général, archevêque et président
de cour.

Ce sont là de pures inventions. — Con-
finé dans ses attributions préfectorales,
M. Ducros regrette même de les voir aussi
étendues, et les sympathies de ses relations,
soit avec l'archevêque, soit avec la magis-
trature assise, démontrent suffisamment
qu'aucun ombrage ne saurait jamais se
produire entre ces autorités d'ordre diffé-
rent

On dira encore au noble étranger que
M. Ducros s'aliène beaucoup de sympathies
par la raideur excessive de son administration, que dans une ville aussi républicaine
que Lyon, il a tort de traiter tous les républicains comme des ennemis déclarés, de

poursuivre, de suspendre et de supprimer léurs. journaux avec une rigueur inconnue même sous les gouvernements les plus despotiques.

Autres assertions sans fondement, — du moins quant à leur appréciation.

M. Ducros poursuit les républicains qui constituent les quatre cinquièmes de la popolation lyonnaise, c'est vrai;

Il a supprimé, suspendu ou interdit successivement sur la voie publique, le le *Progrès*, le *Petit Lyonnais*, le *Journal de Lyon*, la *France républicaine*, la *Mascarade*, ce n'est pas douteux;

Mais loin de s'aliénier les sympathies républicaines par ces agissements rigoureux, il se les conquiert par l'amabilité de ses procédés.

Toutes ces mesures sont prises, en effet, avec tant d'affabilité, de précautions, de tact, de savoir-vivre, tous ces arrêts divers sont rédigés dans un style si gracieux et si distingué, que les journalistes frappés, loin d'en prendre ombrage, sont tentés de s'écrier à chaque coup : — Merci, monsieur le préfet !

Et ils choisissent la première occasion possible de chanter dignement les louanges de M. Ducros, comme nous le faisons présentement.

Pour en finir avec Lyon, le noble étranger entendra reprocher peut-être à la seconde ville de France d'être le bourg-pourri de la démagogie, le quartier général des radicaux et des pétroleurs, ce qui est tout un.

Il suffira au noble étranger de constater par quels hauts personnages Lyon est administré actuellement, pour se convaincre que l'aristocratie et non la démagogie domine dans cette belle cité.

Que le noble étranger demande simplement la liste des membres de la Commission municipale, et il y verra en première ligne MM. *De Moustier, Du Cruet, Des Jardins, Des Grands, Des Granges, etc.*

La noblesse française y tient donc la plus large place, Henri V n'a qu'à se présenter aux portes et le marquis Barnola pourra lui présenter les clefs de la ville sur un plat d'argent.

Distractions et Curiosités

~~~o~~~

Théâtre (1)

—

Si le noble étranger a le désir de s'amu-
ser un peu, il n'aura qu'à assister à quelques
représentations du théâtre politique qui
siége à Versailles.

Là, le noble étranger remarquera avec
étonnement que le spectacle est plutôt dans
les coulisses que sur la scène, où l'on joue
rarément la vraie pièce.

Une des particularités singulières de ce
théâtre est que le directeur et les acteurs
passent leur temps à rédiger les programmes
d'une représentation qui n'a jamais lieu.

Ainsi, voilà des mois et des mois que ces
messieurs s'évertuent à confectionner des

(1) Que nos honorables nous pardonnent l'irrévé-
rence involontaire qui nous oblige à employer vis-à-
vis d'eux des termes de comédie.. Il n'y a là qu'une
question de topographie, car, en vérité, ce n'est pas
notre faute si ces messieurs préfèrent au Palais-
Bourbon la salle de spectacle du Roi-Soleil.

programmes aussi nombreux que les sables de la mer.

Le noble étranger n'aura que l'embarras du choix.

Programme de Centre-Droit.

Programme du Centre-Gauche.

Programme de la Droite.

Programme de l'Extrême-Droite.

Nous avons failli avoir le programme de la Gauche.

Heureusement qu'un homme de sens, M. Jules Grévy, a arrêté ses camarades sur cette pente fatale.

Le noble étranger sera probablement curieux de connaître ce que pense le public de voir tant de programmes et jamais de pièces...

Or apprenez, ô noble étranger, que le public aurait parfois de véhémentes envies de siffler, mais il y a quelque danger à cela, car nos artistes politiques supportent difficilement la critique et veulent qu'on les applaudisse, — de par la gendarmerie.

Disons cependant que de temps à autre

ont lieu des intermèdes destinés à faire prendre patience aux spectateurs.

Dernièrement, le noble étranger aurait pu assister à une lutte à mains plates entre Rouher, le terrible Auvergnat et Gambetta, le lion de Cahors...

Ce qui a amené un peu de diversion à la monotonie des programmes.

Tableau de la troupe

La troupe de Versailles compte 739 artistes, dont une trentaine de premiers sujets seulement.

Les autres font partie de la figuration, des machinistes ou des pompiers.

La troupe est d'ailleurs rarement au complet, par suite de maladies, de décès ou de congés.

Les congés surtout sont réellement abusifs.

Il est assez fréquent de voir, au lendemain d'une rentrée, après deux ou trois mois de vacances, — quinze ou vingt artistes demander un congé, — ce qui est

d'autant plus fâcheux que les appointements courent toujours.

Prix des places

Régisseur général ou Président : 50,000 f.
et le logement.

Metteurs en scène ou questeurs : 25,000
et le logement.

Chefs d'emploi ou ministres : 60,000 f.

Ambassadeurs : de 60 à 300,000 fr.,
suivant les frais de costumes et de décors.

Consuls de première classe ou coryphées,
30,000 fr.

Consuls de 2me classe : 20,000 fr.

Consuls dè 3me classe : 15,000 fr.

Simples artistes : 12,000 fr.

Quant au public, il ne paie pas sa place
chaque fois, mais un abonnement annuel
qui va aux environs de deux milliards huit
cents millions.

Dernières nouvelles — Au moment où
le théâtre politique de Versailles allait abor-
der la partie la plus intéressante de son ré-
pertoire : *Les Lois constitutionnelles*, tragi-
comédie en plusieurs actes et en nombreuses

scènes de violence, une affiche gigantesque vient d'être apposée sur la principale porte d'entrée.

Le noble étranger pourra y lire en toutes lettres ces mots étonnants :

RELACHE

Pour cause de canicule.

On ne s'attendait guère à voir la canicule en cette affaire...

Mais étant donné ce précédent, beaucoups de bons esprits estiment que les députés de Versailles pourraient se proroger également sans le plus petit inconvénient :

En hiver, pour cause de froid ;

Au printemps, pour cause de bourrasques;

Et en automne pour cause de vendanges;

Tout le monde serait content, — surtout les électeurs !

MONUMENTS

—

Le ventre de M. Batbie

Ce monument est remarquable seulement par sa masse. — Il mesure 400 mètres de circonférence, et le noble étranger ne mettra pas moins de 25 minutes à en faire le tour.

Le Nez du baron Chaurand

Ce nez se signale par sa longueur et par l'espace qu'il occupe sur le visage de l'honorable baron.

Il compense ce désagrément par certaines commodités fort appréciables.

Il constitue en effet une sorte de vide-poche où le baron peut déposer à volonté sa tabatière, son étui à lunettes et son livre d'heures.

La légende prétend même qu'un prêtre s'y est caché huit jours pendant la première révolution, à l'époque de la Terreur.

Le Toupet de M. Rouher

Ce toupet l'emporte sur tous les toupets connus, par sa forme, sa dimension et son volume.

Le noble étranger pourra se convaincre, en l'examinant de près, qu'avec un toupet semblable, toutes les effronteries sont possibles.

La Cravate de M. de Gavardie

Deux kilomètres de long sur trois-cents mètres de large.

On a calculé qu'il était possible de tailler dans cette cravate assez de paires de draps pour coucher tous les électeurs qui ne nommeront pas M. de Gavardie.

Nota. — Le blanchissage seul de ladite cravate absorbe et au-delà les appointements de député de son propriétaire.

La Redingote de M. Schœlcher

Ce vêtement, remarquable par la longueur de ses pans, a l'avantage de servir à la fois de redingote, de gilet de flanelle, de couverture de voyage et de couvre-pied.

De plus, lorsque l'honorable M. Schœlcher reçoit les visites de ses électeurs, qui viennent d'un peu loin (Martinique), il peut en loger facilement une douzaine dans chaque poche de sa lévite, — ce qui leur économise des frais d'hôtel.

La Guitare de M. de Lorgeril

Cette guitare n'a que trois cordes :
La corde poétique,
La corde comique,
La corde humide.

Le joyeux troubadour exécutera à volonté sur ces trois cordes les plus brillantes variations. — Le noble étranger pourra lui demander n'importe quoi, il peut être certain que M. de Lorgeril ne sera jamais à court et ne restera jamais à sec.

Curiosités naturelles

—

La Cascade Jules Simon

Tombant de deux cents pieds de haut, cette cascade a sa source dans les glandes lacrymales de ce philosophe célèbre.

Elle est intarissable.

La Chute des Portefeuilles

Cette chute est intermittente.

Elle fonctionne d'ordinaire quelques jours après la rentrée des vacances.

Si le noble étranger se fût trouvé à Versailles il y a quinze jours, il aurait pu admirer cette chute dans toute sa splendeur.

La Mer de glace

Pour faire cette excursion, il suffit de prendre pour guides MM. Wolowski, Mathieu Bodet ou le « bon Clapier » en les priant de vous conduire à travers leurs harangues.

L'excursion n'offre d'autres dangers qu'un sommeil invincible qui s'empare de vous sous l'influence de cette éloquence dont la température ne descend pas à moins de quinze degrés au-dessous de zéro.

RUINES CÉLÈBRES

C'est la dernière étape que nous ferons parcourir au noble étranger.

Aussi bien il doit être las et aspirer au repos.

Il ne nous reste donc plus qu'à lui signaler, comme curiosités moitié bouffonnes et moitié tristes :

Les ruines de Chambord

Vieux castel démantelé, dont les murailles branlantes s'émiettent chaque jour.

A peine reste-t il une ou deux tours conservant quelque vestige des grandeurs passées.

Ça et là, parmi les décombres, des débris d'armures rongées par la rouille, des lambeaux d'étoffe blanche qui fut un drapeau, et trois ou quatre feuillets déchirés d'un livre où l'on peut encore lire ces mots maculés par la pluie et la poussière : *Droit divin.*

Si le noble étranger revient l'an prochain, ces ruines n'existeront probablement plus ; un écroulement définitif aura tout emporté.

Les ruines d'Orléans

Moins imposantes celles-là.

Une sorte de baraque en plein vent, qui dut servir de déballage de parapluies.

Les cloisons en planches se disjoignent,
la toiture s'effondre et on lit encore sur
une bande de calicot lacérée, mal retenue
par quelques clous, ces mots en gros ca-
ractères :

*Liquidation après faillite. Tout au
rabais !*

Le noble étranger ne se laissera pas
prendre sans doute à cette réclame vulgaire,
et il comprendra sans peine que cette pré-
tendue faillite a été une excellente opéra-
tion, dont les chalands ont payé les frais.

Les ruines impériales

De mal en pis...

Des détritus indescriptibles, au fond
d'une ornière boueuse. En remuant avec
le bout de sa canne, le noble étranger fera
monter à la surface quelques débris d'uni-
formes ou de galons, mêlés à des attributs
de police.

Les ruines Casimir Périer

Un château de cartes échaffaudé laborieusement pendant plusieurs semaines, à grand renfort d'équilibre instable...

Une séance a suffi et tout est par terre... L'as de trêfle abouché; le roi de carreau écorné; la dame de cœur sur le flanc; le valet de pique mordant la poussière...

Il ne reste rien, pas un atout !

Singulier jeu où tout le monde perd, sauf les entrepreneurs de démolitions.

Les ruines Ventavon.

Ruines d'hier, ruines de demain.

Cette construction bâtarde n'a jamais été qu'un effondrement.

A peine élevées, les murailles s'écroulaient d'elles-mêmes, sans qu'il fût besoin de les pousser seulement du bout du doigt.

Bâtir sur le sable, passe encore, mais sur le vide... quelle folie !

Les ruines du pays

Que le noble étranger s'assoie sur cette borne et regarde.

Devant lui un poteau avec cette inscription : — *Nouvelles limites de la France.*

Derrière, un champ dévasté, au milieu une maison démantelée, et sur la porte principale une affiche où il est écrit :

Avis aux contribuables
Nouvelles taxes votées par...

— Pourquoi ne répare-t-on pas tout cela, s'écriera le noble étranger, navré par ce spectacle ?

La maison pourrait se relever, les ruines disparaître...

— Sans doute, ô noble étranger, mais regardez encore et vous verrez là-bas des messieurs qui se disputent et se prennent aux cheveux...

Ce sont les architectes !...

www.ingramcontent.com/pod-product-compliance
Lightning Source LLC
Chambersburg PA
CBHW070944280326
41934CB00009B/2006